was ist panna cotta?

Panna Cotta kommt aus dem Italienischen und bedeutet „gekochte Sahne“. Sie ist eine beinahe triviale und gleichzeitig exquisite Nachspeise, die einfach und schnell herzustellen ist – und für puren Genuss steht. Das Rezept dazu entstand vor gut einem Jahrhundert im norditalienischen Piemont. Es wurde sicherlich vom Flan inspiriert, bedarf aber keiner Eier und kann ohne Backofen zubereitet werden. Bis heute ist Panna Cotta ein traditionelles, italienisches Dessert. Auf der Basis von Sahne/Rahm, Milch, Zucker, Vanille und Gelatine wird eine Panna Cotta – je nach Jahreszeit – mit flüssigem Karamell, einer Fruchtsauce oder Likör serviert, doch das Prinzip ist immer gleich: Sahne aufkochen, nach eigenem Gusto aromatisieren, Geliermittel hinzufügen und im Kühlschrank fest werden lassen.

die autorin

Laura Zavan stammt aus Italien, genauer gesagt aus Venetien. Sie lebt seit Jahren als Autorin und Foodstylistin in Paris und hat in Frankreich bereits zahlreiche Kochbücher veröffentlicht.

HÄDECKE

Laura Zavan

panna cotta

Cremig italienisch – süß und pikant

Fotos: Akiko Ida

inhalt

HINWEISE & ABKÜRZUNGEN

Die Temperaturangaben dieses Buches sind in °C (Grad Celsius) angegeben. Bei der Zubereitung im Backofen ist die Temperatur eines Elektroherds mit normaler Ober- und Unterhitze gemeint. Bei Umluft kann sich die Zeit verkürzen, für Gasherde beachten Sie bitte die Angaben des Geräteherstellers. Die in den Rezepten angegebenen Zubereitungszeiten sind Circaangaben. Die Löffelangaben beziehen sich, soweit nicht anders vermerkt, immer auf das gestrichene Maß.

EL = Esslöffel
TL = Teelöffel
geh. = gehäuft
Msp. = Messerspitze
ml = Milliliter (1/1000 l)
Trp = Tropfen
g = Gramm
kg = Kilogramm
cm = Zentimeter
mm = Millimeter (1/10 cm)
Std. = Stunde/n
Min. = Minute/n
Sek. = Sekunde/n
mind. = mindestens
ca. = circa
Pck. = Päckchen

geliermittel

Eine gelungene Panna Cotta sollte cremig oder halbfest sein, daher hat die richtige Dosierung des Geliermittels Priorität. Probieren Sie verschiedene Geliermittel aus, um herauszufinden, was Ihnen am besten schmeckt.

Wer Gelatine nicht mag, kann mittlerweile auf zahlreiche pflanzliche oder andere Geliermittel zurückgreifen, die auch in der Molekularküche immer beliebter werden. Neben den hier vorgestellten gibt es noch weitere Gelierhilfen (z. B. Xanthan, Pektin, Guarkernmehl etc.). Der Einfachheit wegen ist in vielen Rezepten die Zubereitung mit Gelatine angegeben. Selbstverständlich können Sie mit den unten beschriebenen Gelieralternativen variieren; die Grammangaben sind dann entsprechend der Flüssigkeitsmenge anzupassen.

VANILLEPUDDINGPULVER (OHNE EI)

Das aus Karrageen (Rotalgenextrakt) und Maisstärke bestehende Puddingpulver ist praktisch und einfach zu verarbeiten. Es verhilft süßer Panna Cotta im Handumdrehen zu einer guten Konsistenz und Sie benötigen keinen weiteren Zucker. Es eignet sich für fast alle Panna-Cotta-Zubereitungen, mit Ausnahme derer, die bereits gezuckerte Zutaten enthalten, wie z. B. Esskastaniencreme. Bevorzugen Sie Bio-Puddingpulver mit echter Vanille. Mit konventionell hergestelltem Puddingpulver gelingt die Panna Cotta natürlich genauso gut, allerdings enthält es künstliche Farb- und Zusatzstoffe.

ANLEITUNG Für 500 ml Sahne/Rahm benötigen Sie ca. 1 ½ EL Puddingpulver (ca. 20 g). Für 1 l Sahne/Rahm benötigen Sie ca. 3 EL Puddingpulver bzw. 40 g (entspricht ca. 1 Pck. Puddingpulver). Die genaue Dosierung kann von Produkt zu Produkt abweichen, daher immer die Packungsanleitung lesen. Puddingpulver mit dem Schneebesen in die Sahne einrühren und diese bis zum Siedepunkt erhitzen. Anschließend den Topf vom Herd nehmen.

AGAR-AGAR

Natürliches Geliermittel, das aus den Zellwänden bestimmter Meeresalgen besteht. Agar-Agar wird bei 85 °C flüssig und erstarrt unter Wasseraufnahme bei 25 °C. Es wird erst beim Abkühlen fest und geliert etwa fünf- bis achtmal besser als Gelatine. Auf Japanisch „Kanten" genannt, wird Agar-Agar dort schon seit Jahrhunderten aufgrund seiner positiven Gesundheitswirkungen und seiner leicht abführenden Wirkung sehr geschätzt.
Agar-Agar ist meist als Flocken oder gemahlen als Pulver in Naturkostgeschäften, Reformhäusern, Drogerien oder bei Backzutaten in einigen Supermärkten sowie in Asialäden (dort manchmal auch Würfel oder Fäden) erhältlich. Flocken müssen vorher eingeweicht werden. Besonders praktisch sind die bereits für 500 ml Flüssigkeit portionierten Päckchen.

ANLEITUNG Pulver in etwas kalter Flüssigkeit auflösen und unter die restlichen Zutaten mischen. Alles aufkochen, 30 Sek. köcheln lassen, dann den Topf vom Herd nehmen. Die exakte Dosierung ist dem Packungsbeschrieb zu entnehmen, als Faustregel ist 1 TL für 500 ml Sahne/Rahm ausreichend. Wer Panna Cotta im Glas servieren möchte, kann etwas weniger verwenden.

HINWEISE Agar-Agar ist schwer zu dosieren. Zudem kann je nach Produkt die benötigte Menge schwanken (zwischen 2 und 8 g auf ½ l Flüssigkeit). Es geliert nicht bei sauren Zutaten (z. B. stark säurehaltige Früchte), daher saure Zutaten wie Zitronensaft immer erst in die bereits leicht abgekühlte Masse einrühren. Agar-Agar sorgt für eine sehr feste Konsistenz. Wer es cremiger mag, kann Agar-Agar mit etwas Pfeilwurzelmehl (*Arrowroot;* in Bioläden und Reformhäusern erhältlich) mischen. Pfeilwurzel ist eine in tropischen Regionen beheimatete Pflanze, aus der Stärkemehl gewonnen wird. Für 500 ml Sahne/Rahm 1 EL Pfeilwurzelmehl und 2 g Agar-Agar in etwas Flüssigkeit auflösen.

ALGIN

Algin wird ebenfalls aus Algenextrakt hergestellt. Es sorgt für eine weiche, cremige Konsistenz und kann auch bei warmen Speisen eingesetzt werden. Algin oder auch Alginat wird als Pulver in Spezialläden oder über das Internet angeboten.

ANLEITUNG Für 500 ml Sahne/Rahm benötigt man ca. 0,8 g Algin. Es wird wie Agar-Agar verwendet. In der Molekularküche wird es z. B. für die Herstellung von Frucht- oder Kunstkaviar genutzt.

GELATINE

Das traditionelle Geliermittel wird aus dem Bindegewebe verschiedener Tierarten (meist aus Schwein und Rind) hergestellt. Es ist als Pulver oder als Blattgelatine erhältlich. Gelatine gibt es auch in Bio-Qualität. In Supermärkten ist sie meist bei den Backzutaten zu finden.

ANLEITUNG Blattgelatine in einer Schüssel mit kaltem Wasser 10 Min. einweichen, anschließend etwas ausdrücken. Gelatine mithilfe eines Schneebesens in die warme Sahne einrühren, bis sie sich auflöst. Die Sahne darf dabei nicht kochen, am besten vorher den Topf vom Herd nehmen. Für 500 ml Sahne/Rahm benötigt man 5 g Blattgelatine. Für Zubereitungen, die im Glas serviert werden oder aus festeren Zutaten bestehen, sind 4 g ausreichend. In den Rezepten wird Blattgelatine immer in Gramm angegeben, da es unterschiedlich große Blätter gibt.

1 • Pfeilwurzelmehl
2 • Blattgelatine
3 • Agar-Agar
4 • Puddingpulver

1 • Kuhmilch
2 • Vanille-Sojamilch
3 • vegane Milch
4 • Sahne/Rahm
5 • vegane Sahne

sahne & co.

Für traditionelle Panna-Cotta-Rezepte werden Sahne und Milch im Verhältnis 3:1 vermischt. Für eine besonders cremige Panna Cotta ausschließlich Sahne verwenden. Allerdings kann man auch verschiedene Sahne- und Milcharten nehmen.

SAHNE IST NICHT GLEICH SAHNE

Am besten geeignet ist frische flüssige Sahne – auch Schlagsahne oder Rahm genannt – aus dem Kühlregal mit einem Fettgehalt von mindestens 30 %. Sie schmeckt besser als ultrahocherhitzte Produkte.
Wer es lieber leicht mag, kann auf fettreduzierte Kaffeesahne aus dem Kühlregal zurückgreifen. Sie hat einen Fettgehalt von mindestens 10 %. Allerdings wird die Panna Cotta dann nicht so cremig. Ich benutze sie vor allem dann, wenn weitere kalorienreiche Zutaten wie Schokolade oder Esskastaniencreme dazukommen. Wer will, kann Sahne und Milch auch je zur Hälfte mischen.

PFLANZLICHE MILCH UND SAHNE

Es gibt inzwischen einige pflanzliche Alternativen zu (Kuh-)Milchprodukten. Die Panna Cotta wird zwar weniger cremig, ist aber besser verdaulich und vor allem kalorienärmer! Auf diese Weise kann man endlich jeden Tag Panna Cotta genießen …
In den Spezialabteilungen vieler Supermärkte, in Bioläden und Reformhäusern findet man eine große Auswahl pflanzlicher Getränke, die Milch oder Sahne ersetzen können: Sojamilch und -sahne, Reismilch, Mandelmilch, Hafermilch usw. Teilweise sind diese Getränke bereits gesüßt, dann bei der Zubereitung der Panna Cotta die angegebene Zuckermenge etwas reduzieren. Wer es gerne cremig mag, mischt pflanzliche Milch und pflanzliche Sahne (auf Soja-, Reis-, Hafer-, Dinkel-, Mandel- oder Kokosbasis) je zur Hälfte. Nun gilt es nur noch herauszufinden, was Ihnen am besten schmeckt. Für pikante Panna Cotta empfehle ich Kokosnussmilch.

1 • aromatisierter Schwarztee
2 • Chai oder Gewürztee
3 • echte Vanille
4 • Mandellikör
5 • Orangenblütenwasser
6 • Pfefferminzsirup
7 • Früchtetee
8 • Rosenblütensirup
9 • Granatapfelsirup
10 • Matcha-Tee
11 • Veilchensirup
12 • getrocknete Lavendelblüten

aromen

Zu den beiden Grundzutaten Sahne und Geliermittel werden je nach Geschmack ein oder mehrere Aromen hinzugefügt. Neben den Vorschlägen im Rezeptteil finden Sie hier eine Zusammenfassung und ein paar zusätzliche Anregungen.

ZUM SÜSSEN

Um eine Panna Cotta zu süßen, können Sie zwischen Vanillepuddingpulver, Vanillezucker (mit echter Vanille!), Rohrohrzucker (enthält Mineralstoffe und Spurenelemente), Honig, Getreidesirup (aus Malz, Gerste oder Reis) oder Agavendicksaft (gibt es im Reformhaus) wählen. Auch aromatisierter Sirup süßt, z. B. Granatapfel-, Minz-, Rosenblüten- oder Veilchensirup.

VANILLE

Wählen Sie nur hochwertige Qualitäts-Vanillestangen, z. B. aus Madagaskar oder Tahiti. Lassen Sie das Mark samt der aufgeschnittenen Stange in der Milch ziehen. Gute Vanille hat zwar ihren Preis, ist aber aromatischer und geschmacksintensiver. Ersatzweise lieber pures Vanillepulver oder echte Vanilleessenz als das meist zu süße flüssige Vanillearoma verwenden.

ZITRUSSCHALEN

Selbst in mein Panna Cotta-Grundrezept aus Sahne und Vanille mische ich etwas feinen Zitronenschalenabrieb. Verwenden Sie ausschließlich unbehandelte Bio-Zitronen – wegen des besseren Geschmacks und um Spritzmittelrückstände zu vermeiden.

ÄTHERISCHE ÖLE

Ein Tropfen genügt meist, um einer Panna Cotta einen ganz eigenen Geschmack zu verleihen. Die naturbelassenen Öle werden aus Blüten, Früchten und Pflanzen gewonnen, zum Beispiel aus Minze, Lavendel, Rose, Zitrone, Orange, Basilikum, Rosmarin, Thymian usw. Ein Tropfen ätherisches Bittermandelöl (blausäurefreie Qualität!) ersetzt den künstlichen Geschmack des Bittermandelaromas aus dem Supermarkt. Verwenden Sie nur echte ätherische Öle!

TEES, GETROCKNETE FRÜCHTE UND GEWÜRZE

Als Aufguss verwendet, schenken sie der Panna Cotta ein besonders feines Aroma. Experimentieren Sie mit Zitronenverbene, Chai, Blütentees, Matcha (japanisches Grünteepulver), Lavendel, getrockneten Früchten und Gewürzen wie Sternanis, Zimt oder Langfeffer*.

PARFÜMIERTES WASSER

Orangenblüten- oder Rosenblütenwasser verströmen ein außergewöhnliches Aroma.

ALKOHOLIKA

Probieren Sie Panna Cotta z. B. mit Rum, Marsala oder Amaretto, die der Creme eine ganz eigene Note verleihen. Ein kleines Schnapsglas genügt für 500 ml Sahne/Rahm.

---

* Der Name ist Programm: der aus Indonesien stammende Langpfeffer besteht aus streichholzlangen Fruchtständen und gehört zur Familie der Pfeffergewächse. Seine kräftige Schärfe besitzt eine angenehm süßliche Note.

tipps & tricks

Bei der Formgebung der Panna Cotta sind der Fantasie keine Grenzen gesetzt!

DIE RICHTIGE FORM

Sie haben die Qual der Wahl, z. B. zwischen klassischen Puddingförmchen aus Glas oder Porzellan, Einwegförmchen aus Aluminium (sehr praktisch, um Panna Cotta zu transportieren), allen möglichen Silikonförmchen und Edelstahl- oder antihaftbeschichteten Formen in diversen Größen, die in guten Küchenfachgeschäften erhältlich sind. Aber auch Gläser oder Glasgefäße lassen sich verwenden.

Der Vorteil der Glasgefäße besteht darin, dass die Panna Cotta nicht gestürzt, sondern direkt im Glas serviert wird. Man benötigt weniger Geliermittel und die Panna Cotta wird dadurch cremiger. Dank moderner Silikonformen ist aber auch das Stürzen kein Problem mehr, dazu gibt es im Rezeptteil immer wieder nützliche Tipps.

DAS ERFOLGREICHE STÜRZEN

Vorher: Die Form mit kaltem Wasser ausspülen, nicht trocken wischen und die Sahnemasse hineinfüllen.

Nachher: Am Innenrand der Form mit einem spitzen Messer entlangfahren und die Panna Cotta mit Schwung auf einen Teller stürzen. Eventuell kurz auf den Formboden klopfen, damit sie besser hinausgleitet.

Sollte sich das Stürzen als schwierig erweisen (vor allem bei großen und nicht antihaftbeschichteten Formen), den Boden der Form 5 Sek. in heißes Wasser tauchen. Dann gleitet die Panna Cotta meist fast von alleine aus der Form.

VORBEREITEN UND AUFBEWAHREN

Panna Cotta kann im Voraus zubereitet werden. Sie hält sich bis zu drei Tage im Kühlschrank. Ist sie mit frischen Früchten, Gemüse oder Kräutern zubereitet, sollte sie innerhalb von sechs Stunden serviert werden, da die frischen Zutaten häufig oxidieren.

Panna Cotta mit Vanille, Schokolade, süßer Kondensmilch usw. kann auch eingefroren werden. Panna Cotta mit frischen Früchten, Gemüse oder Kräutern besser nicht einfrieren, da sich dann die Konsistenz verändert.

saucen und fruchtpürees

Damit lässt sich jede Panna Cotta wunderbar verwandeln! Die folgenden Rezepte sind jeweils für 4 Portionen berechnet.

COULIS VON FRISCHEN ROTEN BEEREN

500 g rote Beeren (Erdbeeren, Himbeeren, rote und schwarze Johannisbeeren) mit 3 EL Zucker und dem Saft von ½ Zitrone mischen. Anschließend durch ein feines Sieb passieren, um die Kerne zu entfernen. Mit Wasser verdünnen, bis die gewünschte Konsistenz erreicht ist.

COULIS VON TIEFGEFRORENEN ROTEN BEEREN

In einem Topf 3 EL Zucker in 150 ml Wasser auflösen. 300 g tiefgefrorene rote Beeren dazugeben und unter ständigem Rühren 5–6 Min. bei starker Hitze einkochen. Weiterrühren und ein Aroma nach Geschmack hinzufügen, z. B. 2 EL (oder mehr) Orangenblütenwasser oder 1 Schnapsglas Obstbrand.

MANGO-COULIS

1 reife Mango pürieren, 1–2 EL Zucker und 1 EL Zitronensaft untermischen. Mit Wasser verdünnen, bis die gewünschte Konsistenz erreicht ist.

COULIS VON PFIRSICHEN ODER APRIKOSEN

500 g gehäutete und entsteinte Pfirsiche oder Aprikosen pürieren. Je 3 EL Zucker und den Saft von 1 Zitrone untermischen.

SAUCE AUS KONFITÜRE, MARMELADE ODER GELEE

4 EL hochwertige Konfitüre (Aprikose, Pfirsich, Feige, rote Beeren wie Erdbeeren, Himbeeren), Marmelade (z. B. Bitterorange) oder Gelee (rotes oder schwarzes Johannisbeergelee) mit 1 EL Alkohol (Likör, Marsala oder Cognac) und/oder 2 EL Zitronensaft mischen. Mit etwas Wasser verdünnen, bis die gewünschte Konsistenz erreicht ist.

KARAMELL

200 g Zucker in einen Topf mit Sandwichboden geben. 4 EL Wasser darübergießen und ohne Rühren langsam aufkochen lassen. Falls Zucker am Topfrand kristallisiert, diesen mit einem feuchten Backpinsel abwischen. Den Zucker so lange ohne Rühren einkochen lassen, bis er bernsteinfarben ist. Topf vom Herd nehmen und kurz abkühlen lassen. Anschließend den fertigen Karamell in eine Form gießen oder auf mehrere Förmchen verteilen.

KARAMELLSAUCE

Karamell aus 100 g Zucker und 2 EL Wasser herstellen wie oben beschrieben. Sobald der Zucker bernsteinfarben ist, vorsichtig 50 ml Wasser zugießen (kann spritzen!), aufkochen und einkochen lassen, bis der Karamell eine schöne Farbe hat. Kurz abkühlen lassen und als Sauce zu einer Panna Cotta reichen.

ENGLISCHE CREME

Schmeckt z. B. zu Panna Cotta mit Kaffee, Lakritz oder mit Nougat.

250 ml Milch mit ½ aufgeschnittenen Vanillestange aufkochen. In einer Schüssel 2 Eigelbe mit 40 g Zucker schaumig rühren und die heiße Vanillemilch darübergießen (Stange vorher entfernen). Masse so lange im heißen Wasserbad aufschlagen, bis eine dickliche Creme entsteht. Creme unter ständigem Rühren langsam abkühlen lassen.

SCHOKOLADENSAUCE

200 g dunkle Schokolade (mindestens 70% Kakaoanteil) fein hacken. In einem schweren Topf 100 ml Wasser oder Milch bis zum Siedepunkt erhitzen. Topf vom Herd nehmen und die Schokolade so lange unterrühren, bis sie geschmolzen ist. Sofort servieren.

SABA

Eine süße, sirupartige Spezialität aus eingekochtem Traubenmost, die man in italienischen Lebensmittelgeschäften häufig in kleinen Flaschen abgefüllt kaufen kann. Auch Vino Cotto/Vincotto ist geeignet.

ACETO BALSAMICO TRADIZIONALE

Der aus Traubenmost vergorene Essig muss mindestens zwölf Jahre in Holzfässern reifen, bevor er seinen Namen verdient. Ein paar Tropfen dieses edlen Balsams verleihen Panna Cotta einen außergewöhnlichen und unwiderstehlichen Geschmack.

FÜR 4 PORTIONEN · ZUBEREITUNG 15 MIN. · GARZEIT 7 MIN. · KÜHLZEIT MIND. 2 STD.

mein grundrezept

Ich serviere zu dieser einfachen Panna Cotta am liebsten ein Coulis von roten Beeren und dekoriere mit frischen Himbeeren. Die Mischung aus sahniger Creme und säuerlichen Früchten ist unwiderstehlich ...

500 ml **Sahne/Rahm**

1 **Vanillestange**

½ **unbehandelte Bio-Zitrone, feiner Schalenabrieb**

1 ½ EL **Vanillepuddingpulver (ersetzt Zucker und Gelatine)**

ZUM SERVIEREN

100–150 ml **Coulis von roten Beeren (s. S. 12)**

125 g frische **Himbeeren**

1

Sahne mit der aufgeschnittenen Vanillestange und Zitronenschale in eine Kasserolle geben. Unter ständigem Rühren bei schwacher Hitze etwa 3 Min. erwärmen.

2

Vanillestange mit einer Messerspitze über der Sahnemischung ausschaben. Mit einem Schneebesen das Vanillepuddingpulver einrühren. Unter ständigem Rühren so lange erhitzen, bis erste Bläschen aufsteigen, dann den Topf vom Herd nehmen. Sahnemischung 5 Min. abkühlen lassen, dabei gelegentlich umrühren, damit sich keine Haut bildet.

3

Förmchen mit kaltem Wasser ausspülen, aber nicht abtrocknen, damit sich die Panna Cotta später einfacher stürzen lässt. Sahnemischung noch einmal gut durchrühren, damit Vanille und Zitronenschale nicht am Topfboden hängen bleiben. Masse dann in die Förmchen gießen. Auf Zimmertemperatur abkühlen lassen, mit Frischhaltefolie abgedeckt für mindestens zwei Stunden in den Kühlschrank stellen, damit die Panna Cotta fest wird. Vor dem Stürzen mit einer Messerspitze die Panna Cotta vom Rand der Förmchen lösen und mit Schwung auf Teller stürzen. Sehr kalt servieren.

FÜR 10 PORTIONEN · ZUBEREITUNG 20 MIN. · GARZEIT 10 MIN. · KÜHLZEIT MIND. 4 STD.

panna cotta mit karamell

10 g **Blattgelatine; alternativ Geliermittel nach Wahl (s. S. 4/5)**

700 ml **Sahne/Rahm**

200 ml **Milch**

2 **Vanillestangen**

60 g **Zucker**

100 ml **Alkohol, z. B. trockener Marsala, Rum, Cognac oder Amaretto**

1 Rezept **Karamell (s. S. 13) oder Fertigprodukt aus dem Supermarkt**

1 Puddingform **mit 1 l Fassungsvermögen**

ZUBEREITUNG

1. Blattgelatine 10–15 Min. in kaltem Wasser einweichen.

2. Sahne mit Milch, längs aufgeschnittenen Vanillestangen und Zucker in einer Kasserolle unter ständigem Rühren bei milder Hitze zum Kochen bringen. Topf vom Herd nehmen.

3. Vanillestangen über der Sahnemischung ausschaben und zum Garnieren beiseitelegen. Gelatine ausdrücken und mit dem Schneebesen in die Sahnemischung einrühren, bis sie sich vollständig aufgelöst hat.

4. Alkohol (z. B. eine Mischung aus Marsala und Rum) unterziehen. Sahnemischung unter gelegentlichem Rühren 5 Min. abkühlen lassen, damit sich keine Haut bildet.

5. Karamell in die Form gießen, bis der Boden damit bedeckt ist, Sahnemischung daraufgießen.

6. Panna Cotta auf Zimmertemperatur abkühlen lassen, mit Frischhaltefolie abgedeckt mindestens vier Stunden in den Kühlschrank stellen, damit sie fest wird.

7. Vor dem Stürzen mit einer Messerspitze die Panna Cotta vom Innenrand der Form lösen und mit Schwung auf eine Platte stürzen. Lässt sie sich nicht stürzen, den Formboden 5 Sek. lang in heißes Wasser stellen.

8. Panna Cotta kalt servieren.

IM PIEMONT IST PANNA COTTA EIN TRADITIONELLES DESSERT, EGAL OB MIT ODER OHNE KARAMELL ODER LIKÖR. ICH FINDE, DASS EINE MISCHUNG AUS MARSALA UND RUM BESONDERS KÖSTLICH ZU KARAMELL SCHMECKT.

FÜR 4 GLÄSER · ZUBEREITUNG 15 MIN. · GARZEIT 7 MIN. · KÜHLZEIT MIND. 2 STD.

panna cotta mit maroni

4 g **Blattgelatine; alternativ Geliermittel nach Wahl (s. S. 4/5)**

500 ml **Sahne/Rahm**

1 **Vanillestange**

100 g **Esskastaniencreme (ersetzt den Zucker)**

12 EL **Rum**

20 g **kandierte oder eingelegte Maroni/Esskastanien (ganz oder in Stücken)**

ZUBEREITUNG

1. Blattgelatine 10–15 Min. in kaltem Wasser einweichen.

2. Sahne mit aufgeschnittener Vanillestange und Esskastaniencreme in einer Kasserolle unter ständigem Rühren bei milder Hitze aufkochen. Topf vom Herd nehmen.

3. Vanillestange über der Sahnemischung ausschaben.

4. Ausgedrückte Blattgelatine mit dem Schneebesen in die Sahnemischung rühren, bis sie sich vollständig aufgelöst hat.

5. Rum zugießen und die Sahnemischung 5 Min. abkühlen lassen. Gelegentlich umrühren, damit sich keine Haut bildet.

6. Vier Maroni zum Garnieren beiseitelegen. Übrige Maroni in Stücke zerteilen, auf vier Gläser verteilen und die Sahnemischung darübergießen.

7. Panna Cotta auf Zimmertemperatur abkühlen lassen und mit Frischhaltefolie abgedeckt mindestens zwei Stunden in den Kühlschrank stellen.

8. Mit den beiseitegelegten Maroni garniert kalt servieren.

GENAU DAS RICHTIGE FÜR KÜHLE TAGE: GEHALTVOLL UND VON UMWERFENDEM GESCHMACK.

FÜR 4 GLÄSER · ZUBEREITUNG 20 MIN. · GARZEIT 7 MIN. · KÜHLZEIT MIND. 2 STD.

panna cotta mit amaretti

4 g **Blattgelatine; alternativ Geliermittel nach Wahl (s. S. 4/5)**

100 g **knusprige Amaretti-Makronen (ersetzen den Zucker)**

500 ml **Sahne/Rahm**

2 Tassen **Espresso à ca. 30 ml**

2 EL **Amaretto oder Rum**

ZUM GARNIEREN
4 **Amaretti-Makronen**

ZUBEREITUNG

1. Blattgelatine 10–15 Min. in kaltem Wasser einweichen.

2. Makronen fein zerbröseln. Dafür die Makronen am besten in einen Gefrierbeutel geben und mit dem Wellholz darüberrollen.

3. Sahne mit Makronenbröseln und einer Tasse Espresso in einer Kasserolle unter ständigem Rühren bei milder Hitze aufkochen. Den Topf vom Herd nehmen.

4. Ausgedrückte Blattgelatine mit dem Schneebesen in die Sahnemischung einrühren, bis sie sich vollständig aufgelöst hat. Alkohol zugießen und die Sahnemischung 5 Min. abkühlen lassen und gelegentlich umrühren.

5. Panna Cotta in die Gläser verteilen, auf Zimmertemperatur abkühlen lassen und mit Frischhaltefolie abgedeckt mindestens zwei Stunden in den Kühlschrank stellen.

6. Die Makronen zum Garnieren in den übrigen Espresso tunken. Je eine Makrone auf die Panna Cotta setzen und kalt servieren.

FÜR 8–10 PORTIONEN ZUBEREITUNG 20 MIN. GARZEIT 10 MIN. KÜHLZEIT MIND. 5 STD.

panna cotta mit kaffee

1 l **Sahne/Rahm**

2 **Vanillestangen**

50 g **Zucker**

5 Tassen **starker Espresso (oder 12 g löslicher Kaffee in 250 ml Wasser aufgelöst)**

3 geh. EL **Vanillepuddingpulver (ersetzt einen Teil des Zuckers und die Gelatine)**

ZUM GARNIEREN
2 EL **Kaffeebohnen, Schokobohnen oder schokolierte Espressobohnen**

1 **Napfkuchenform oder Silikonbackform mit 1 ¼ l Fassungsvermögen**

ZUBEREITUNG

1. Sahne mit aufgeschnittenen Vanillestangen, Zucker und Kaffee in eine Kasserolle geben. Unter häufigem Rühren bei milder Hitze etwa 5 Min. köcheln lassen. Mit dem Schneebesen das Vanillepuddingpulver unterrühren und so lange weiterrühren, bis der Siedepunkt erreicht ist. Dann den Topf vom Herd nehmen.

2. Mit einer Messerspitze die Vanillestangen über dem Topf ausschaben. Sahnemischung 5 Min. abkühlen lassen und gelegentlich umrühren, damit sich keine Haut bildet.

3. Kuchenform mit kaltem Wasser ausspülen, aber nicht abtrocknen, das erleichtert später das Stürzen.

4. Sahnemischung in die Form gießen und auf Zimmertemperatur abkühlen lassen. Mit Frischhaltefolie abgedeckt mindestens fünf Stunden in den Kühlschrank stellen.

5. Vor dem Stürzen zwischen Forminnenrand und Panna Cotta mit einer Messerspitze entlangfahren. Die Form mit Schwung auf eine Platte stürzen, dabei leicht auf den Formboden klopfen, damit sich die Panna Cotta besser löst und auf die Platte gleitet.

6. Mit Kaffee- oder Schokobohnen garniert kalt servieren.

SERVIERVORSCHLÄGE

Nach Geschmack 100 ml flüssigen Karamell oder Englische Creme (natur, mit Anis oder Rum) über die Panna Cotta gießen (Rezepte, s. S. 13).

FÜR 4 PORTIONEN ZUBEREITUNG 20 MIN. GARZEIT 7 MIN. KÜHLZEIT MIND. 2 STD.

panna cotta mit lakritz

500 ml **Sahne/Rahm**

30 g **Rohrohrzucker**

8 g **reine Lakritze* in Stückchen**

1 ½ EL **Vanillepuddingpulver (ersetzt einen Teil des Zuckers und die Gelatine)**

1 Trp **ätherisches Minzöl**

* Sehr gute reine Lakritze kommt aus Kalabrien. Sie ist in Süßwarengeschäften und italienischen Feinkostläden erhältlich. Häufig wird sie in Form von Lutschpastillen in hübschen kleinen Metalldöschen verkauft.

ZUBEREITUNG

1. Sahne mit Zucker und Lakritzstückchen in eine Kasserolle geben. Bei milder Hitze unter Rühren etwa 5 Min. köcheln lassen, bis sich die Lakritze vollständig aufgelöst hat.

2. Vanillepuddingpulver mit dem Schneebesen unterrühren und weiterrühren, bis der Siedepunkt erreicht ist. Dann den Topf vom Herd nehmen.

3. Minzöl zugeben und die Sahnemischung 5 Min. abkühlen lassen, dabei gelegentlich umrühren.

4. Kleine Puddingförmchen mit kaltem Wasser ausspülen, aber nicht abtrocknen, damit sich die Panna Cotta leichter stürzen lässt.

5. Sahnemischung hineingießen, auf Zimmertemperatur abkühlen lassen und mit Frischhaltefolie abgedeckt mindestens zwei Stunden in den Kühlschrank stellen.

6. Vor dem Stürzen mit einer Messerspitze den inneren Rand der Förmchen entlangfahren und die Panna Cotta mit Schwung auf Teller stürzen.

SERVIERVORSCHLÄGE

Nach Geschmack mit 200 ml Englische Creme (siehe Seite 13) – mit 1 TL Pfefferminzlikör aromatisiert – servieren.

EINE SANFTE, ANGENEHME BITTERKEIT UND GLEICHZEITIG EINE WOHLTAT FÜR MAGEN UND DARM. ICH REICHE ZU DIESER PANNA COTTA BESONDERS GERNE EINE MIT MINZE AROMATISIERTE ENGLISCHE CREME.

FÜR 4 PORTIONEN ZUBEREITUNG 30 MIN. GARZEIT 7 + 20 MIN. KÜHLZEIT MIND. 2 STD.

gewürz-panna-cotta mit rotweinbirnen

500 ml **Sahne/Rahm**

1 TL **Zimtpulver**

je 2 **Gewürznelken & Sternanis**

1 TL **bunter Pfeffer, frisch gemahlen**

1 ½ EL **Vanillepuddingpulver (ersetzt Zucker und Gelatine)**

FÜR DIE ROTWEINBIRNEN

4 **kleine reife Birnen mit Stiel**

500 ml **Rotwein**

60 g **Zucker**

½ **Zimtstange**

je 2 **Gewürznelken & Sternanis**

1 TL **bunter Pfeffer, frisch gemahlen**

ZUBEREITUNG

1. Birnen schälen, ohne den Stiel zu entfernen. In einer Kasserolle Wein, Zucker und Gewürze aufkochen, Birnen hineingeben und 20 Min. bei milder Hitze garen. Nach 10 Min. die Birnen wenden. Anschließend das Obst herausheben und beiseitestellen. Wein durch ein Sieb abgießen und in einem Topf zu Sirup einkochen.

2. Sahne und Gewürze in eine Kasserolle geben und 5 Min. bei milder Hitze köcheln, gelegentlich umrühren. Topf vom Herd nehmen und die Gewürze 10 Min. ziehen lassen. Sahne durch ein feines Sieb gießen und erneut erhitzen, Vanillepuddingpulver mit dem Schneebesen unterrühren und bis zum Siedepunkt erhitzen. Topf vom Herd nehmen und die Sahnemischung unter gelegentlichem Rühren 5 Min. abkühlen lassen.

3. Puddingförmchen mit kaltem Wasser ausspülen – nicht abtrocknen, damit sich die Panna Cotta leichter stürzen lässt. Sahnemischung in die Förmchen verteilen und auf Zimmertemperatur abkühlen lassen. Mit Frischhaltefolie abgedeckt mindestens zwei Stunden kühl stellen.

4. Vor dem Stürzen mit einer Messerspitze den inneren Rand der Förmchen entlangfahren und die Panna Cotta mit Schwung auf Teller stürzen. Mit einer Rotweinbirne und etwas Sirup servieren.

EIN WUNDERBARES DESSERT FÜR DEN HERBST, WENN BIRNENSAISON IST. MEINE LIEBLINGSSORTE IST DIE GUTE LUISE.

FÜR 6 GLÄSER   ZUBEREITUNG 20 MIN.   GARZEIT 7 MIN.   KÜHLZEIT MIND. 2 STD.

panna cotta mit dulce de leche

7 g **Blattgelatine; alternativ Geliermittel nach Wahl (s. S. 4/5)**

500 ml **Sahne/Rahm**

250 ml **Milch**

1 **Vanillestange**

12 EL **Dulce de Leche* (ersetzt den Zucker)**

6 EL **flüssiger Karamell (s. S. 13)**

* Dulce de Leche ist eine süße Milchkonfitüre aus Lateinamerika mit köstlichem Karamellgeschmack, die bei uns vorwiegend in Feinkostgeschäften erhältlich ist. Sie kann durch gesüßte dicke Kondensmilch oder Nutella ersetzt werden.

ZUBEREITUNG

1. Blattgelatine mindestens 10 Min. in kaltem Wasser einweichen.

2. Sahne mit Milch, aufgeschnittener Vanillestange und 6 EL Dulce de Leche in eine Kasserolle geben. Unter häufigem Rühren etwa 5 Min. langsam bis zum Siedepunkt erhitzen. Dann den Topf vom Herd nehmen.

3. Vanillestange über dem Topf ausschaben. Gelatine ausdrücken und mit dem Schneebesen unter die Sahnemischung rühren, bis sie sich aufgelöst hat. Sahnemischung 5 Min. abkühlen lassen, dabei gelegentlich umrühren, damit sich keine Haut bildet.

4. Je 1 EL Dulce de Leche und flüssigen Karamell in jedes Glas geben und die Sahnemischung darauf verteilen. Auf Zimmertemperatur abkühlen lassen und anschließend mit Frischhaltefolie abgedeckt mindestens zwei Stunden in den Kühlschrank stellen, bis sie fest wird.

5. Panna Cotta kalt servieren.

SELBST GEMACHTE DULCE DE LECHE

500 ml Vollmilch, 250 g Zucker und 1 aufgeschnittene Vanillestange unter ständigem Rühren aufkochen und 2 Min. köcheln lassen. Anschließend bei niedriger Hitze etwa 2 Std. einkochen, dabei gelegentlich umrühren. Abkühlen lassen und kühl stellen. Diese Milchcreme hält sich eine Woche im Kühlschrank.

EINE ECHTE VERSUCHUNG …

FÜR 4–5 GLÄSER · ZUBEREITUNG 20 MIN. · GARZEIT 7 MIN. · KÜHLZEIT MIND. 2 STD.

panna cotta mit dunkler schokolade

125 g **dunkle Schokolade (mindestens 61 % Kakaoanteil)**

250 ml **Sahne/Rahm**

250 ml **Vollmilch**

1 ½ EL **Vanillepuddingpulver (ersetzt Zucker und Gelatine)**

ZUM GARNIEREN
Kakaobohnensplitter oder Schokoladenraspel

ZUBEREITUNG

1. Schokolade mit einem Messer sehr fein hacken.

2. Sahne und Milch in einer Kasserolle bei milder Hitze erwärmen. Mit dem Schneebesen das Puddingpulver einrühren und so lange weiterrühren, bis der Siedepunkt erreicht ist. Dann den Topf vom Herd nehmen.

3. Schokolade mit einem Holzlöffel einrühren, bis sie vollständig geschmolzen ist. Schokosahne in die Gläser verteilen und auf Zimmertemperatur abkühlen lassen. Mit Frischhaltefolie abgedeckt mindestens zwei Stunden in den Kühlschrank stellen.

4. Panna Cotta kalt mit Kakaobohnensplittern oder Schokoladenraspeln bestreut servieren.

TIPP

Verwenden Sie eine möglichst hochwertige dunkle Schokolade mit einem Kakaoanteil zwischen 61 und 72 Prozent. Sie schmilzt besonders gut und besitzt ein intensives Aroma.

FÜR 5 PORTIONEN · ZUBEREITUNG 30 MIN. · GARZEIT 10 MIN. · KÜHLZEIT MIND. 2 STD.

panna cotta mit gianduja

90 g **geschälte Haselnüsse**

40 g **Zucker**

50 g **dunkle Schokolade (mindestens 70% Kakaoanteil)**

500 ml **Sahne/Rahm**

1 ½ EL **Vanillepuddingpulver (ersetzt einen Teil des Zuckers und Gelatine)**

ZUM GARNIEREN

250 ml **Englische Creme (s. S. 13)**

ZUBEREITUNG

1. Haselnüsse in einer Pfanne ohne Fett unter Rühren goldbraun rösten. Nüsse kurz abkühlen lassen, dann zwischen den Händen reiben, bis sich ihre dünnen Häutchen lösen. 20 g Nüsse zum Garnieren beiseitestellen. Restliche Haselnüsse mit dem Zucker im Mörser oder Blitzhacker sehr fein zerstoßen. Schokolade mit einem Messer fein hacken.

2. Sahne mit zerstoßenen Nüssen in einer Kasserolle bei milder Hitze etwa 3 Min. köcheln lassen, dabei gelegentlich umrühren. Mit einem Schneebesen das Vanillepuddingpulver unterrühren und zum Kochen bringen. Dann den Topf vom Herd nehmen.

3. Schokolade so lange mit einem Holzlöffel einrühren, bis sie vollständig geschmolzen ist.

4. Puddingförmchen mit kaltem Wasser ausspülen, aber nicht abtrocknen, damit sich die Panna Cotta leichter stürzen lässt. Gianduja auf die Förmchen verteilen und auf Zimmertemperatur abkühlen lassen. Mit Frischhaltefolie abgedeckt mindestens zwei Stunden kühl stellen.

5. Vor dem Stürzen mit einer Messerspitze den Innenrand der Förmchen entlangfahren. Panna Cotta mit Schwung auf Teller stürzen, mit den beiseitegestellten, halbierten Haselnüssen garnieren und mit der Englischen Creme servieren.

GIANDUJA IST EINE FÜR DAS PIEMONT TYPISCHE NOUGAT-ART AUS HASELNÜSSEN, ZUCKER UND SCHOKOLADE. IM GEGENSATZ ZU HERKÖMMLICHEM NOUGAT WIRD DER ZUCKER ZUVOR NICHT KARAMELLISIERT. GIANDUJA IST IN FEINKOSTLÄDEN ERHÄLTLICH.

FÜR 10 PORTIONEN · ZUBEREITUNG 20 MIN. · GARZEIT 10 MIN. · KÜHLZEIT MIND. 5 STD.

panna cotta mit weißer schokolade

200 g **weiße Schokolade oder Kuvertüre**

500 ml **Sahne/Rahm**

500 ml **Vollmilch**

2 **Vanillestangen**

3 geh. EL **Vanillepuddingpulver (ersetzt Zucker und Gelatine)**

ZUM GARNIEREN

50–100 g **weiße Schokoladenperlen oder weiße Kuvertüreraspel**

pures Vanillepulver

1 **Silikon- oder Napfkuchenform mit mind. 1 ¼ l Fassungsvermögen**

ZUBEREITUNG

1. Schokolade mit einem Messer fein hacken.

2. Sahne mit Milch und aufgeschnittenen Vanillestangen in einer Kasserolle unter häufigem Rühren etwa 5 Min. köcheln lassen. Vanillestangen entnehmen, Vanillepuddingpulver mit dem Schneebesen einrühren und bis zum Siedepunkt erhitzen. Dann den Topf vom Herd nehmen.

3. Vanillestangen über dem Topf ausschaben. Schokolade mit einem Holzlöffel unterrühren, bis diese vollständig geschmolzen ist.

4. Kuchenform mit kaltem Wasser ausspülen, aber nicht abtrocknen, um später das Stürzen der Panna Cotta zu erleichtern. Form auf einen Teller stellen, Schokoladen-Sahne-Mischung hineingießen und auf Zimmertemperatur abkühlen lassen. Anschließend mit Frischhaltefolie abgedeckt mindestens fünf Stunden kühl stellen.

5. Vor dem Stürzen den Innenrand der Form mit einer Messerspitze entlangfahren. Die Form mit Schwung auf eine Platte stürzen. Eventuell leicht auf den Formboden klopfen oder den unteren Teil der Form 8–10 Sek. in heißes Wasser tauchen, damit sich die Panna Cotta leicht löst und auf die Platte gleitet.

6. Kalte Panna Cotta mit Schokoperlen oder Kuvertüre garnieren und mit Vanille bestreut servieren.

TIPP

Ein köstliches Dessert, zu dem hervorragend Erdbeeren passen. Zum Servieren die frischen Erdbeeren einfach in die Mitte der gestürzten Panna Cotta geben.

FÜR 4 PORTIONEN · ZUBEREITUNG 30 MIN. · GARZEIT 10 MIN. · KÜHLZEIT MIND. 2 STD.

leichte panna cotta mit malzkaffee

1 TL **Agar-Agar**

1 EL **Pfeilwurzelmehl (s. S. 5)**

500 ml **Vanille-Sojamilch oder Reismilch**

1 **Vanillestange**

3 EL **Rohrohrzucker**

3 EL **Malz- oder Getreidekaffee***

SCHOKOLADENSAUCE
100 g **dunkle Schokolade (mindestens 70% Kakaoanteil)**

100 ml **Wasser**

* Neben Malzkaffee gibt es zahlreiche andere Kaffeesorten aus geröstetem Getreide, Lupinen und getrockneten Früchten. Wählen Sie die Sorte, die Ihnen am besten schmeckt!

ZUBEREITUNG

1. Agar-Agar und Pfeilwurzelmehl mischen und in etwas kalter Milch auflösen. 250 ml Milch mit der aufgeschnittenen Vanillestange, Zucker und Malzkaffee in einer Kasserolle etwa 3 Min. bei milder Hitze köcheln lassen.

2. Aufgelöste Geliermittel (s. S. 4) zur heißen Milchmischung geben, unter ständigem Rühren 30 Sek. köcheln lassen. Dann den Topf vom Herd nehmen und die restliche Milch unterrühren.

3. Vanillestange über dem Topf ausschaben.

4. Puddingförmchen mit kaltem Wasser ausspülen, aber nicht abtrocknen, um später das Stürzen der Panna Cotta zu erleichtern.

5. Förmchen auf ein Tablett stellen, Malzkaffeemischung hineinfüllen und auf Zimmertemperatur abkühlen lassen. Mit Frischhaltefolie abgedeckt mindestens zwei Stunden kühl stellen.

6. Inzwischen für die Schokoladensauce Schokolade mit einem großen Messer fein hacken. In einer kleinen Kasserolle das Wasser aufkochen und den Topf vom Herd nehmen. Schokolade hineingeben und so lange rühren, bis sie sich vollständig aufgelöst hat.

7. Vor dem Stürzen den Innenrand der Förmchen mit einer Messerspitze entlang fahren und die Panna Cotta anschließend mit Schwung in Schälchen stürzen.

8. Schokoladensauce über die kalte Panna Cotta gießen und sofort servieren.

100 % PFLANZLICH UND 100 % GENUSS!

FÜR 4 GLÄSER · ZUBEREITUNG 15 MIN. · GARZEIT 7 MIN. · KÜHLZEIT MIND. 2 STD.

panna cotta mit matcha-tee

400 ml **Sahne/Rahm**

1 ½ EL **Vanillepuddingpulver (ersetzt Zucker und Gelatine)**

2 geh. TL **Matcha-Teepulver** (ca. 6 g)

100 ml **heißes Wasser**

ZUM GARNIEREN

Schlagsahne oder Crème double

etwas Matcha-Teepulver

ZUBEREITUNG

1. Sahne unter häufigem Rühren etwa 3 Min. in einer Kasserolle köcheln lassen, dann mit dem Schneebesen das Puddingpulver einrühren. Bis zum Siedepunkt erhitzen, anschließend den Topf vom Herd nehmen.

2. Teepulver im heißen Wasser vollständig auflösen und unter die Sahne rühren. 5 Min. abkühlen lassen und währenddessen gelegentlich umrühren. Sahnemischung in die Gläser füllen, auf Zimmertemperatur abkühlen lassen und mit Frischhaltefolie abgedeckt mindestens zwei Stunden kühl stellen.

3. Vor dem Servieren Panna Cotta mit etwas Schlagsahne oder Crème double garnieren und mithilfe eines feinen Siebs etwas Matcha-Teepulver darüberstäuben.

MATCHA-TEE IST ZU FEINEM PULVER VERMAHLENER JAPANISCHER GRÜNTEE MIT ANGENEHM LIEBLICHEM AROMA. ER WIRKT DURCH SEIN KOFFEIN ANREGEND – AUCH AUF DIE VERDAUUNG.

FÜR 4 GLÄSER · ZUBEREITUNG 15 MIN. · GARZEIT 7 MIN. · KÜHLZEIT MIND. 2 STD.

panna cotta mit zitronenverbene

100 ml **Wasser**

3 Handvoll **getrocknete Zitronenverbeneblätter**

1 **unbehandelte Bio-Zitrone**

400 ml **Sahne/Rahm**

1 ½ EL **Vanillepuddingpulver (ersetzt Zucker und Gelatine)**

kandierte Zitronenverbeneblätter* oder Himbeeren zum Garnieren

* Kandierte Zitronenverbeneblätter sind in guten Confiserien und Feinkostgeschäften erhältlich.

ZUBEREITUNG

1. Wasser aufkochen, Verbeneblätter damit übergießen und 5 Min. ziehen lassen. Tee anschließend durch ein feines Sieb abgießen. Zitrone heiß waschen, abtrocknen und die Schale fein abreiben.

2. Sahne mit Zitronenschale in einer Kasserolle unter häufigem Rühren etwa 3 Min. leicht köcheln lassen, danach mit dem Schneebesen das Puddingpulver einrühren. Unter Rühren kurz aufkochen und den Topf vom Herd nehmen.

3. Tee untermischen und 5 Min. abkühlen lassen, dabei gelegentlich umrühren. Fertige Sahnemischung in die Gläser verteilen, auf Zimmertemperatur abkühlen lassen. Mit Frischhaltefolie abgedeckt mindestens zwei Stunden in den Kühlschrank stellen.

4. Panna Cotta sehr kalt mit je einem kandierten Verbeneblatt oder mit Himbeeren garniert servieren.

TEE-VARIANTEN

Anstelle von Zitronenverbene können Sie auch andere Kräuter- oder aromatisierte Tees verwenden.
Für eine Panna Cotta mit schwarzem Tee 2 ½ EL Schwarztee mit 100 ml kochendem Wasser übergießen und 3 Min. ziehen lassen. Durch ein Sieb gießen und unter die Sahnemischung rühren.

FÜR 4–5 PORTIONEN ZUBEREITUNG 30 MIN. GARZEIT 10 MIN. KÜHLZEIT MIND. 3 STD.

panna cotta mit rosenaroma

5 g **Blattgelatine; alternativ Geliermittel nach Wahl (s. S. 4/5)**

500 ml **Sahne/Rahm**

3 EL **Rosensirup (ersetzt den Zucker)**

3 EL **zerstoßene kandierte Rosenblätter (sorgen für süßen Geschmack und Farbe)**

3 Msp **getrocknete, essbare Rosenblätter**

ZUM GARNIEREN
einige zerstoßene kandierte und frische, essbare Rosenblätter von Aromarosen

1 **Savarin- oder Kuchenbackform mit 500 ml Fassungsvermögen**

ZUBEREITUNG

1. Blattgelatine 10–15 Min. in kaltem Wasser einweichen. Sahne mit Rosensirup in einer Kasserolle unter häufigem Rühren langsam aufkochen, Topf anschließend vom Herd nehmen.

2. Getrocknete und kandierte Rosenblätter in den Topf geben und 15 Min. darin ziehen lassen. Sahne anschließend durch ein feines Sieb abgießen und erneut erhitzen. Ausgedrückte Blattgelatine mit dem Schneebesen einrühren, bis sie sich vollständig aufgelöst hat.

3. Sahnemischung 5 Min. abkühlen lassen, dabei immer wieder umrühren, damit sich keine Haut bildet. Kuchenform mit kaltem Wasser ausspülen, aber nicht abtrocknen, um später das Stürzen zu erleichtern.

4. Sahnemischung in die Form gießen, auf Zimmertemperatur abkühlen lassen. Mit Frischhaltefolie abgedeckt mindestens drei Stunden in den Kühlschrank stellen.

5. Vor dem Stürzen den Innenrand der Form mit einer Messerspitze entlangfahren. Die Form mit Schwung auf eine Platte stürzen und eventuell leicht auf den Formboden klopfen oder den unteren Teil der Form 5 Sek. in heißes Wasser stellen, damit die Panna Cotta gut aus der Form gleitet. Gut gekühlt mit zerstoßenen kandierten Rosenblättern und frischen Rosenblättern garnieren und servieren.

ROSENSIRUP, KANDIERTE ROSENBLÄTTER USW. SIND MEIST IN GUT SORTIERTEN FEINKOSTGESCHÄFTEN UND IN ORIENTALISCHEN LEBENSMITTELGESCHÄFTEN ERHÄLTLICH.

FÜR 4 PORTIONEN · ZUBEREITUNG 20 MIN. · GARZEIT 7 MIN. · KÜHLZEIT MIND. 2 STD.

panna cotta mit pralines roses

5 g **Blattgelatine; alternativ Geliermittel nach Wahl (s. S. 4/5)**

500 ml **Sahne/Rahm**

125 g **Pralines roses (s. S. 45) oder gebrannte Mandeln (ersetzen den Zucker)**

2 EL **Granatapfel- oder Himbeersirup (ersetzt den Zucker und sorgt für Farbe)**

4 **Kuppelförmchen**

ZUBEREITUNG

1. Blattgelatine 10–15 Min. in kaltem Wasser einweichen.

2. Mandeln mit einem großen Messer grob zerhacken. 25 g für die Garnitur beiseite stellen.

3. Sahne mit Mandeln und Sirup in einer Kasserolle bei milder Hitze aufkochen. Dann den Topf vom Herd nehmen.

4. Ausgedrückte Gelatine mit dem Schneebesen einrühren, bis sie sich vollständig aufgelöst hat. Sahnemischung 5 Min. abkühlen lassen.

5. Förmchen kalt ausspülen, aber nicht abtrocknen, um das Stürzen der Panna Cotta zu erleichtern. Förmchen in flache Schalen stellen, damit sie beim Befüllen nicht kippen.

6. Mandel-Sahne-Mischung kurz durchrühren, auf die Förmchen verteilen und auf Zimmertemperatur abkühlen lassen. Mit Frischhaltefolie abgedeckt mindestens drei Stunden in den Kühlschrank stellen.

7. Vor dem Stürzen den Innenrand der Förmchen mit einer Messerspitze entlangfahren und sie mit Schwung auf Teller stürzen. Mit den beiseite gestellten Mandeln garniert kalt servieren.

TIPPS

Pralines roses sind eine Spezialität aus Lyon: Gebrannte Mandeln mit einem rosa gefärbten, karamellisierten Zuckerüberzug. In Frankreich werden sie für zahlreiche Backwaren verwendet, vor allem aber für die berühmte „Tarte aux pralines roses“. Sie sind hierzulande nur in ausgesuchten Feinkostläden oder bei Spezialversendern erhältlich.

FÜR 4 SCHÄLCHEN ZUBEREITUNG 15 MIN. GARZEIT 7 MIN. KÜHLZEIT MIND. 5 STD.

panna cotta mit kirschen

500 ml **Sahne/Rahm**

5 EL **Früchtetee mir Kirschen***

1 ½ EL **Vanillepuddingpulver (ersetzt den Zucker und die Gelatine)**

4 EL **Amarenakirschen**

ZUBEREITUNG

1. Sahne in einer Kasserolle unter gelegentlichem Rühren bei milder Hitze aufkochen. 4 EL der Früchteteemischung dazugeben.

2. Mit einem Schneebesen das Puddingpulver einrühren und unter Rühren zum Kochen bringen. Topf vom Herd nehmen und unter gelegentlichem Rühren 5 Min. abkühlen lassen.

3. Sahnemischung nicht durch ein Sieb gießen, sondern direkt in die Schälchen füllen und auf Zimmertemperatur abkühlen lassen. Mit Frischhaltefolie abgedeckt mindestens drei Stunden kühl stellen.

4. Vor dem Servieren Amarenakirschen auf der Panna Cotta verteilen und mit dem übrigen Früchtetee bestreuen.

* Wählen Sie eine hochwertige Früchteteemischung, die ausschließlich aus getrockneten Wildkirschen, Hagebutten und Blüten besteht. Diese Tees sind in guten Tee- und Feinkostgeschäften erhältlich.

FÜR 4 GLÄSER · ZUBEREITUNG 40 MIN. · GARZEIT 8 MIN. · KÜHLZEIT MIND. 3 STD.

panna cotta mit granatapfelgelee

1 TL **Agar-Agar**

1 EL **Pfeilwurzelmehl (s. S. 5)**

150 ml **Milch**

350 ml **Sahne/Rahm**

2 EL **Orangenblütenwasser**

2 EL **Akazienblütenhonig (oder Zucker)**

FÜR DAS GRANATAPFELGELEE
2 **Granatäpfel**

½ TL **Agar-Agar**

ZUBEREITUNG

1. Agar-Agar und Pfeilwurzelmehl mischen und in etwas kalter Milch auflösen. Sahne mit Orangenblütenwasser und Honig in einer Kasserolle bei milder Hitze aufkochen.

2. Aufgelöste Geliermittel zugeben und die Mischung unter ständigem Rühren 30 Sek. köcheln lassen. Topf vom Herd nehmen, restliche Milch unterrühren und auf Zimmertemperatur abkühlen lassen.

3. Mit Frischhaltefolie abgedeckt zwei Stunden ins Tiefkühlfach oder in den Kühlschrank stellen, bis die Oberfläche so fest ist, dass sie das Granatapfelgelee trägt.

4. Das Granatapfelgelee erst zubereiten, wenn die Panna Cotta bereits fest ist, da es sonst zu fest wird. Granatäpfel halbieren, vierteln und entkernen. Kerne in eine mit Wasser gefüllte Schüssel geben, damit sich die weißen Häutchen lösen. Die Hälfte der Kerne pürieren, durch ein feines Sieb passieren und den Saft (ca. 250 ml) auffangen.

5. 125 ml Saft in einen kleinen Topf geben und das Agar-Agar darin auflösen. Unter ständigem Rühren aufkochen und 30 Sekunden köcheln lassen. Topf vom Herd nehmen und den restlichen Saft unterrühren.

6. Granatapfelkerne auf die Gläser verteilen und das Gelee darüber verteilen. Gläser eine Stunde in den Kühlschrank stellen und kalt servieren.

EIN WUNDERBARES DESSERT FÜR DIE KALTE JAHRESZEIT. DAZU LIEFERN GRANATÄPFEL UNSEREM KÖRPER WERTVOLLE ANTIOXIDANZIEN. JE SCHWERER DIE FRÜCHTE, DESTO MEHR SAFT ENTHALTEN SIE.

FÜR 4 GLÄSER · ZUBEREITUNG 20 MIN. · GARZEIT 7 MIN. · KÜHLZEIT MIND. 2 STD.

panna cotta mit erdbeeren

500 g **Erdbeeren**

400 ml **Sahne/Rahm**

2 Pck. **Vanillezucker (mit echter Vanille)**

1 ½ EL **Vanillepuddingpulver (ersetzt Zucker und Gelatine)**

ZUM GARNIEREN
Schlagsahne oder Crème double

ZUBEREITUNG

1. Erdbeeren waschen, putzen und in kleine Stücke schneiden. Die Hälfte der Erdbeeren mit Sahne und 1 Pck. Vanillezucker in einer Kasserolle bei milder Hitze aufkochen. Mit einem Schneebesen das Puddingpulver einrühren und die Erdbeermilch nochmals aufwallen lassen. Dann den Topf vom Herd nehmen.

2. Erdbeer-Sahne-Mischung 5 Min. abkühlen lassen und pürieren. In Gläser verteilen, auf Zimmertemperatur abkühlen und mit Frischhaltefolie abgedeckt mindestens zwei Stunden im Kühlschrank fest werden lassen.

3. Restliche Erdbeeren mit 1 Pck. Vanillezucker mischen und bis zum Servieren kühl gestellt ziehen lassen.

4. Vor dem Servieren die Erdbeeren auf der Panna Cotta verteilen und mit Schlagsahne oder Crème double garnieren.

TIPP

Ich empfehle hier aromatische und süße Erdbeeren. Vermeiden Sie den Kauf zu großer Früchte, da diese häufig wässrig schmecken. Am besten sind kleine Walderdbeeren oder hocharomatische Gartensorten wie „Mieze Schindler", „Clery" oder „Senge Sengana" geeignet.
Die Panna Cotta möglichst schnell nach ihrer Zubereitung – innerhalb von 6 Stunden – servieren, damit Duft und Aroma der Erdbeeren nicht verfliegen.

ES GEHT NICHTS ÜBER NATURSÜSSE REIFE ERDBEEREN …

FÜR 4 SCHÄLCHEN · ZUBEREITUNG 40 MIN. · GARZEIT 10 MIN. · KÜHLZEIT MIND. 3 STD.

panna cotta mit exotischen früchten

1 **große reife Mango**

1 EL **Zitronensaft**

300 ml **Sahne/Rahm**

1 **Vanillestange**

1 ½ EL **Vanillepuddingpulver (ersetzt Zucker und Gelatine)**

1 **Maracuja zum Garnieren**

FÜR DAS EXOTISCHE GELEE

2 g **Blattgelatine; alternativ Geliermittel nach Wahl (s. S. 4/5)**

1 **reife Mango**

4 **Maracujas**

ZUBEREITUNG

1. Mango schälen, in Stücken vom Stein schneiden und mit Zitronensaft pürieren (sollte 250 ml Püree ergeben).

2. Sahne mit aufgeschnittener Vanillestange und Mangopüree in einer Kasserolle bei milder Hitze aufkochen. Puddingpulver mit einem Schneebesen einrühren und bis zum Siedepunkt erhitzen. Dann den Topf vom Herd nehmen. Vanillestange über dem Topf ausschaben und die Sahnemischung unter gelegentlichem Rühren 5 Min. abkühlen lassen.

3. Sahnemischung in Schälchen verteilen und auf Zimmertemperatur abkühlen lassen. Mit Frischhaltefolie bedeckt so lange im Tiefkühlfach oder Kühlschrank kalt stellen, bis die Oberfläche fest genug ist, um das Gelee zu tragen.

4. Für das Gelee Blattgelatine 10–15 Min. in kaltem Wasser einweichen. Mango schälen, in Stücken vom Stein schneiden und pürieren. Maracujas halbieren, Fruchtfleisch von drei Hälften durch ein feines Sieb passieren (Kerne dabei mit einem Löffel gegen das Sieb drücken), den Saft auffangen. Saft mit dem Mangopüree mischen. Gelatine mit dem Schneebesen in etwas heißem Wasser auflösen und unter das Mangopüree rühren.

5. Fruchtgelee auf der Panna Cotta verteilen und zwei Stunden im Kühlschrank fest werden lassen. Mit der restlichen Maracujapulpe garniert servieren.

HIMMLISCH, DIESER
EXOTISCH-CREMIGE GESCHMACK!

FÜR 4 GLÄSER ZUBEREITUNG 20 MIN. GARZEIT 8 MIN. KÜHLZEIT MIND. 3 STD.

panna cotta mit obstsalat

1 TL **Agar-Agar**

1 EL **Pfeilwurzelmehl (s. S. 5)**

250 ml **Mandelmilch**

2 EL **Agavendicksaft oder Akazienhonig**

250 ml **Mandelsahne (s. S. 7)**

2–3 Trp **echtes Bittermandelöl (s. S. 9)**

FÜR DEN OBSTALAT

125 g **frische Himbeeren, je nach Saison**

2 **Mandarinen**

2 **Kiwis**

1 **Apfel**

2 EL **Agavendicksaft, nach Geschmack**

ZUBEREITUNG

1. In einem Glas Agar-Agar und Pfeilwurzelmehl mischen und in etwas kaltem Wasser auflösen. Mandelmilch mit Agavendicksaft oder Akazienhonig in einer Kasserolle bei milder Hitze unter gelegentlichem Rühren aufkochen.

2. Aufgelöste Geliermittel dazugeben, Mischung unter ständigem Rühren 30 Sek. köcheln lassen. Dann den Topf vom Herd nehmen, Mandelsahne und Bittermandelöl einrühren und die Mischung unter Rühren auf Zimmertemperatur abkühlen lassen. Mit Frischhaltefolie abgedeckt drei Stunden in den Kühlschrank stellen.

3. Obst je nach Sorte verlesen, waschen bzw. schälen und eventuell in Stückchen schneiden. Obst in einer Schüssel mit Agavendicksaft nach Geschmack mischen.

4. Vor dem Servieren den Obstsalat auf der Panna Cotta verteilen.

TIPP

Die Zutaten für dieses Rezept finden Sie in Reformhäusern oder Bioläden. Mandelsahne zum Kochen wird meist im Tetrapak verkauft und kann wie normale Sahne oder Rahm verwendet werden. Agavendicksaft ersetzt aufgrund seiner Konsistenz und seines süßen Honiggeschmacks den Zucker, hat dabei aber den Vorteil, gesünder zu süßen.

REIN PFLANZLICH UND SUPERGESUND!

FÜR 4 PORTIONEN · ZUBEREITUNG 20 MIN. · GARZEIT 7 MIN. · KÜHLZEIT MIND. 3 STD.

panna cotta mit datteln und kardamom

1 TL **Agar-Agar**

1 EL **Pfeilwurzelmehl (s. S. 5)**

400 ml **Reismilch**

20 g **Orangeat**

10 **große Datteln, z. B. Medjool oder Deglet Nour**

3 **Kardamomkapseln**

1 EL **Honig, nach Geschmack**

2 Handvoll **Pistazienkerne, grob gehackt**

ZUBEREITUNG

1. In einem Glas Agar-Agar und Pfeilwurzelmehl mischen und in etwas kalter Reismilch auflösen.

2. Datteln und Orangeat in kleine Würfel schneiden. Kardamomkapseln öffnen, die Samen mit den Datteln, der Hälfte des Orangeats und der restlichen Reismilch in eine Kasserolle geben und bei milder Hitze unter Rühren aufkochen.

3. Aufgelöste Geliermittel dazugeben und Mischung unter ständigem Rühren 30 Sek. köcheln lassen. Dann den Topf vom Herd nehmen, Reismilchmischung 5 Min. abkühlen lassen und pürieren. Eventuell etwas Honig hinzufügen, falls die Mischung nicht süß genug ist.

4. Vier Puddingförmchen mit klarem Wasser ausspülen, aber nicht abtrocknen, damit sich die Panna Cotta leichter stürzen lässt. Förmchen auf ein Tablett stellen, mit der pürierten Creme füllen und auf Zimmertemperatur abkühlen lassen. Mit Frischhaltefolie abgedeckt mindestens drei Stunden in den Kühlschrank stellen.

5. Vor dem Servieren zunächst den Innenrand der Förmchen mit einer Messerspitze entlangfahren und sie dann mit Schwung in Schälchen stürzen.

6. Kalte Panna Cotta mit grob gehackten Pistazien und restlichem Orangeat garniert servieren.

TIPP

Wer es gerne cremiger mag, kann die Hälfte der Reismilch durch Reissahne (Bioladen) ersetzen. Diese dann erst nach dem Erhitzen unterrühren.

FÜR 4 GLÄSER ZUBEREITUNG 30 MIN. GARZEIT 7 + 10 MIN. KÜHLZEIT MIND. 2 STD.

panna cotta mit pistazien

120 g **Pistazienkerne**

1 EL **Zucker**

500 ml **Sahne/Rahm**

1 **Vanillestange**

1 ½ EL **Vanillepuddingpulver**

ZUM GARNIEREN

Schlagsahne

20 g **Pistazienkerne**

1 EL **kandierte Veilchen (Blütenblätter) nach Geschmack**

ZUBEREITUNG

1. Pistazien 10 Min. im 170 °C heißen Backofen rösten. Dann abkühlen lassen, im Küchenmixer sehr fein hacken und mit Zucker vermischen.

2. Sahne mit aufgeschnittener Vanillestange und Pistazienzucker in einer Kasserolle etwa 3 Min. unter Rühren bei milder Hitze aufkochen. Puddingpulver mit dem Schneebesen einrühren und unter Rühren bis zum Siedepunkt erhitzen.

3. Dann den Topf vom Herd nehmen und die Vanillestange über dem Topf ausschaben. Sahnemischung 5 Min. unter gelegentlichem Rühren abkühlen lassen, damit sich keine Haut bildet.

4. Sahnemischung nochmals gut durchrühren, damit die Pistazien nicht am Topfboden zurückbleiben, und in Dessertgläser verteilen. Sahnemischung auf Zimmertemperatur abkühlen lassen und mit Frischhaltefolie abgedeckt mindestens zwei Stunden in den Kühlschrank stellen.

5. Kalte Panna Cotta mit Schlagsahne, einigen gehackten Pistazienkernen und kandierten Veilchen garniert servieren.

DIE BESTEN PISTAZIEN WACHSEN IN BRONTE, EINER KLEINEN STADT AM FUSSE DES ÄTNAS AUF SIZILIEN.

SERVIERVORSCHLAG

Zu dieser Panna Cotta passt etwas Mesclun- oder Wildkäuter-Salat mit einfacher Vinaigrette. Pro Person ein halbes, in Streifen geschnittenes, geräuchertes Heringsfilet servieren. Wer es gerne cremiger mag, kann die Hälfte der Reismilch durch Reissahne (Bioladen) ersetzen. Diese dann erst nach dem Erhitzen unterrühren.

FÜR 4 PORTIONEN ZUBEREITUNG 40 MIN. GARZEIT 7 MIN. KÜHLZEIT MIND. 3 STD.

panna cotta mit roter bete

4 g **Blattgelatine; alternativ Geliermittel nach Wahl (s. S. 4/5)**

250 g **gekochte Rote Bete/ Randen**

250 ml **fettreduzierte Sahne/ Rahm**

1 EL **Zitronensaft**

½ **unbehandelte Bio-Zitrone, feiner Schalenabrieb**

Salz und Pfeffer, frisch gemahlen

FÜR DAS GELEE

3 g **Blattgelatine; alternativ Geliermittel nach Wahl (s. S. 4/5)**

200 g **Rote Bete/Randen**

1 EL **Zitronensaft**

½ **unbehandelte Bio-Zitrone, feiner Schalenabrieb**

Salz und Pfeffer, frisch gemahlen

200 ml **Wasser**

ZUBEREITUNG

1. Blattgelatine 10 Min. in kaltem Wasser einweichen. Rote Bete in Stücke schneiden. Mit der Sahne, Zitronensaft und Zitronenschale in eine Kasserolle geben, mit Salz und Pfeffer würzen. Sahnemischung bei milder Hitze unter Rühren zum Kochen bringen.

2. Anschließend Topf vom Herd nehmen, Sahnemischung 5 Min. abkühlen lassen und dann pürieren. Eventuell mit Salz und Pfeffer nachwürzen.

3. Ausgedrückte Gelatine mit dem Schneebesen unter die warme Creme rühren, bis die Gelatine sich vollständig aufgelöst hat. Sahnemischung in Gläser verteilen und auf Zimmertemperatur abkühlen lassen. Mit Frischhaltefolie abgedeckt ins Tiefkühlfach oder den Kühlschrank stellen, bis die Oberfläche fest genug ist, um das Gelee zu tragen.

4. Für das Gelee die Gelatine zunächst 10 Min. in kaltem Wasser einweichen und ausdrücken. Rote Bete schälen, in sehr kleine Würfel schneiden. In kochendem Wasser wenige Minuten bissfest garen. Rote-Bete-Würfel durch ein Sieb abgießen, heiße Garflüssigkeit auffangen. Würfel mit Zitronensaft und -schale vermischen, mit Salz und Pfeffer kräftig würzen.

5. Ausgedrückte Gelatine mit dem Schneebesen so lange in die heiße Garflüssikgeit einrühren, bis sie sich vollständig aufgelöst hat, abkühlen lassen.

6. Gewürzte Rote-Bete-Würfel auf die Panna Cotta in den Gläsern verteilen und mit dem noch flüssigen Gelee übergießen. Panna Cotta für weitere zwei Stunden in den Kühlschrank stellen.

PESTO EINMAL ANDERS:
SAHNIG UND SEHR ERFRISCHEND.

FÜR 4 PORTIONEN ZUBEREITUNG 30 MIN. GARZEIT 7 MIN. KÜHLZEIT MIND. 2 STD.

panna cotta mit pesto

5 g **Blattgelatine; alternativ Geliermittel nach Wahl (s. S. 4/5)**

20 g **Basilikumblätter (1 großes Bund)**

6 EL **Pinienkerne**

50 g **Parmesan**

1 **Knoblauchzehe**

500 ml **fettreduzierte Sahne/ Rahm**

Salz und Pfeffer, frisch gemahlen

TOMATEN-PASSATA
4 **reife Strauchtomaten**

Salz und Pfeffer, frisch gemahlen

ZUBEREITUNG

1. Blattgelatine 10–15 Min. in kaltem Wasser einweichen. Basilikumblätter waschen, trocken tupfen und bis auf 4 Blätter klein hacken. Pinienkerne in einer beschichteten Pfanne ohne Fett unter Rühren rösten, bis sie goldbraun sind, einige zum Garnieren beiseitelegen. Parmesan reiben. Knoblauchzehe abziehen, halbieren und den Keim entfernen.

2. Sahne mit gehacktem Basilikum, Käse, Knoblauch und Pinienkernen in eine Kasserolle geben. Mit Salz und Pfeffer würzen, unter Rühren bei kleiner Hitze aufkochen. Dann den Topf vom Herd nehmen, Sahnemischung 5 Min. abkühlen lassen und pürieren. Eventuell nachwürzen.

3. Ausgedrückte Gelatine mit einem Schneebesen in die warme Sahnemischung rühren, bis sie vollständig aufgelöst ist. Puddingförmchen mit kaltem Wasser ausspülen, nicht abtrocknen, damit sich die Panna Cotta leichter stürzen lässt. Sahnemischung gut durchrühren, in die Förmchen verteilen und auf Zimmertemperatur abkühlen lassen. Mit Frischhaltefolie abgedeckt mindestens zwei Stunden in den Kühlschrank stellen.

4. Vor dem Stürzen zunächst den Innenrand der Förmchen mit einer Messerspitze entlangfahren, Panna Cotta mit Schwung auf Teller stürzen.

5. Für die Passata die Haut der Tomaten am Blütenansatz kreuzweise einschneiden. Tomaten 30 Sek. in kochend heißes Wasser tauchen, danach kurz in Eiswasser abschrecken. Tomaten häuten, halbieren, Kerne entfernen und das Fruchtfleisch mit etwas Salz und Pfeffer pürieren.

6. Zur Panna Cotta etwas Tomaten-Passata geben, mit je einem Basilikumblatt und den gerösteten Pinienkernen garnieren.

7. Panna Cotta innerhalb von sechs Stunden verzehren, sonst verliert das Basilikum an Geschmack.

SANFTE UND WÜRZIG AROMEN IM EINKLANG.

FÜR 4 PORTIONEN ZUBEREITUNG 40 MIN. GARZEIT 14 MIN. KÜHLZEIT MIND. 3 STD.

panna cotta mit karotten & kokos

FÜR DAS GELEE

250 g **Karotten, geschält**

10 g **frischer Ingwer, geschält**

250 ml **Wasser**

2 Prisen **Safranfäden oder 2 Msp Safranpulver**

Salz

½ TL **Agar-Agar**

FÜR DIE PANNA COTTA

350 g **Karotten, geschält**

Salz

250 ml **Kokosmilch**

2 TL **frischer Ingwer, geschält und gerieben**

100 ml **Wasser**

je 1 TL **Kurkuma und Agar-Agar**

1 Prise **Safranfäden oder 1 Msp Safranpulver**

Salz und Pfeffer, frisch gemahlen

ZUBEREITUNG

1. Für das Gelee Karotten in dünne Scheiben schneiden. Ingwer mit einem Gemüsehobel in hauchdünne Scheiben hobeln. Wasser aufkochen, Safran, Karotten und Ingwer hineingeben, salzen und bei mittlerer Hitze 2 Min. garen; das Gemüse sollte noch knackig sein.

2. Agar-Agar in etwas kaltem Wasser auflösen, zu den Karotten geben und 30 Sek. sprudelnd kochen lassen.

3. Dann den Topf vom Herd nehmen und das Gelee auf vier Gläser verteilen. Abkühlen lassen und mindestens 10 Min. ins Gefrierfach oder in den Kühlschrank stellen, bis die Oberfläche fest ist.

4. Für die Panna Cotta die Karotten in halbzentimeterdicke Scheiben schneiden und über Wasserdampf oder in kochendem Salzwasser garen, bis sie weich sind. Karotten herausnehmen, abtropfen lassen und mit Kokosmilch und Ingwer pürieren. Kurkuma und Agar-Agar in je 50 ml Wasser auflösen, mit Safran und Karottenpüree in eine Kasserolle geben. Mit Salz und Pfeffer würzen.

5. Mischung unter ständigem Rühren langsam aufkochen und 30 Sek. kochen lassen.

6. Dann den Topf vom Herd nehmen und 5 Min. abkühlen lassen.

7. Panna Cotta auf dem fest gewordenen Gelee verteilen, vollständig auskühlen lassen und drei Stunden in den Kühlschrank stellen.

8. Panna Cotta zimmerwarm servieren. Sie kann auch als Beilage zu Muscheln gereicht werden.

FÜR 4 PORTIONEN · ZUBEREITUNG 20 MIN. · GARZEIT 7 MIN. · KÜHLZEIT MIND. 2 STD.

panna cotta mit avocado

5 g **Blattgelatine; alternativ Geliermittel nach Wahl (s. S. 4/5)**

2 Bund **frischer Koriander**

2 **reife Avocados**

1 **Zitrone, Saft**

½ **kandierte Zitrone**

400 ml **fettreduzierte Sahne/ Rahm**

Salz und Pfeffer, frisch gemahlen

2 Handvoll **geröstete und gesalzene Cashewkerne, grob gehackt**

ZUM GARNIEREN

1 **große Zitrone, in Achtel geschnitten**

ZUBEREITUNG

1. Blattgelatine 10–15 Min. in kaltem Wasser einweichen. Koriander waschen und trocken schütteln. Blättchen abzupfen, die von einem halben Bund beiseitelegen, die restlichen fein hacken. Avocados halbieren, Kerne entfernen und Fruchtfleisch aus der Schale heben.

2. Avocadofruchtfleisch mit Zitronensaft pürieren. Kandierte Zitrone in sehr feine Würfel schneiden.

3. Sahne, gehackten Koriander und Zitronenwürfel in eine Kasserolle geben, mit Salz und Pfeffer würzen. Mischung bei milder Hitze unter gelegentlichem Rühren aufkochen. Dann den Topf vom Herd nehmen und die ausgedrückte Gelatine mit dem Schneebesen unterrühren, bis sie sich vollständig aufgelöst hat. Avocadopüree untermischen, eventuell mit Salz und Pfeffer nachwürzen.

4. Puddingförmchen mit kaltem Wasser ausspülen, aber nicht abtrocknen, damit sich die Panna Cotta später besser stürzen lässt.

5. Sahnemischung in die Förmchen verteilen und auf Zimmertemperatur abkühlen lassen. Mit Frischhaltefolie abgedeckt mindestens zwei Stunden kühl stellen.

6. Vor dem Stürzen zunächst den Innenrand der Förmchen mit einer Messerspitze entlangfahren, dann mit Schwung auf Teller stürzen.

7. Kalte Panna Cotta mit beiseitegelegten Korianderblättchen, gehackten Cashewkernen und Zitronenachteln servieren.

TIPP

Die Panna Cotta passt als Beilage zu gegarten Garnelen. Möglichst rasch verzehren, damit die frischen Zutaten knackig bleiben und ihr volles Aroma behalten.

FÜR 4 PORTIONEN · ZUBEREITUNG 20 MIN. · GARZEIT 7 MIN. · KÜHLZEIT MIND. 2 STD.

panna cotta mit pastinaken und geflügelleber

300 g **Pastinaken**

Salz

400 ml **Sahne/Rahm**

1 TL **Agar-Agar**

Pfeffer, frisch gemahlen

200 g **gut gekühlte Geflügelleberpastete**

ZUM GARNIEREN

100 g **Pastinaken**

1 EL **Olivenöl**

1 EL **Wasser**

Salz

1 Handvoll **Sprossen (z. B. Alfalfa)**

ZUBEREITUNG

1. Pastinaken schälen, in Stücke schneiden und über Wasserdampf oder in kochendem Salzwasser garen.

2. Pastinakenstücke abtropfen lassen und mit Sahne pürieren, danach in einer Kasserolle langsam erhitzen. Inzwischen Agar-Agar in etwas kaltem Wasser auflösen und untermischen. Pastinakensahne langsam aufkochen und 30 Sek. sprudelnd kochen lassen. Dann den Topf vom Herd nehmen und etwa 5 Min. abkühlen lassen.

3. Schnittfeste Geflügelleberpastete in kleine Würfel schneiden, 2 EL für die Garnitur beiseitelegen und kühl stellen. Pastinakensahne in Gläser füllen und die Würfel mit zwei kleinen Löffeln in die Mitte geben. Mischung vollständig auskühlen lassen und mindestens zwei Stunden kühl stellen.

4. Für die Garnitur die Pastinaken schälen, in winzig kleine Würfel schneiden. Bei kleiner Hitze in Olivenöl und Wasser 2 Min. schwenken, salzen.

5. Panna Cotta auf Zimmertemperatur erwärmen. Mit den beseitegelegten Pasteten- sowie Pastinakenwürfeln und Sprossen garniert servieren. Dazu schmeckt ein Mesclun- oder Widlkräuter-Salat mit Sprossen vorzüglich.

TIPP

Die Pastinake ist eine alte Gemüsesorte mit dezentem Anisgeschmack. Sollten Sie keine bekommen, kann man für dieses Rezept ersatzweise auch Knollensellerie oder Steckrüben verwenden.

DANKSAGUNG

Dank an …

… Akiko Ida für ihre tollen Fotos. Es ist immer eine große Freude, mit ihr zusammenzuarbeiten.

… Sonia Lucanao für die Deko und für ihre Lust auf neue Speisen.

… Ariadne Elisseeff für ihre wertvolle Unterstützung.

… Jack2 und Piera für ihren im wahrsten Sinne köstlichen Einfallsreichtum.

… Jean-Claude Passerin d'Entrèves und der Accademia Italiana della Cucina für ihre Recherchen.

Grazie mille alla mia Mamma ovvero Nonna Pau e ad Eva!

IMPRESSUM

Die französische Originalausgabe erschien 2008 unter dem Titel »Panna Cotta« bei Hachette Livre – Marabout.

Printed in China 2013

5 4 3 2 1 | 2016 2015 2014 2013
ISBN 978-3-7750-0646-0

www.haedecke-verlag.de · www.facebook.com/haedecke.verlag

Fotos: Akiko Ida • **Übersetzung aus dem Französischen:** Franziska Weyer • **Redaktion der deutschen Ausgabe:** Dr. Stephanie Kloster, Hamburg • **Gestaltung & Satz der deutschen Ausgabe:** Julia Graff, Hädecke Verlag, unter Verwendung der Pluto (HVD Fonts) und LiebeCook (LiebeFonts)